KÄNGURU

Mein Schulweg

arsEdition

Liebe Eltern,

in Deutschland kam im Jahr 2000 alle 12 Minuten ein Kind im Straßenverkehr zu Schaden.
Das soll Ihrem Kind nicht passieren.
Wir wollen dazu beitragen, dass Ihr Kind im Straßenverkehr sicherer ist.

Ihr Kind muss in die Schule – wie können Sie den täglichen Schulweg optimal vorbereiten?

- ➜ Suchen Sie den sichersten Weg zur Schule aus, der nicht unbedingt der kürzeste sein muss. Achten Sie dabei auf Überquerungshilfen über die Fahrbahn (Fußgängerüberwege, Ampeln) und auf Straßen mit geringerer Verkehrsdichte!
- ➜ Gehen Sie mit Ihrem Kind schon geraume Zeit vor dem Tag der Einschulung den Schulweg mehrmals ab.

Wir empfehlen Ihnen folgenden Trainingsplan:

- ➜ Zuerst führen Sie Ihr Kind,
- ➜ dann lassen Sie sich von Ihrem Kind führen,
- ➜ wenn Sie annehmen, dass Ihr Kind sicher ist, lassen Sie es allein gehen und beobachten Sie es heimlich.

Sparen Sie nicht mit Lob, denn es ist ein größerer Ansporn für Ihr Kind, alles richtig gemacht zu haben, als häufiger Tadel.

Der große Tag ist gekommen: der erste Schultag.
Jetzt sind die Zeiten festgelegt, zu denen Ihr Kind in der Schule sein muss.

Achten Sie bitte darauf, dass Ihr Kind rechtzeitig aufsteht, damit es in Ruhe frühstücken kann, und dass es rechtzeitig zur Schule aufbricht, damit es nicht hetzen muss.
Machen Sie Ihrem Kind keine Angst vor den Gefahren auf der Fahrbahn, machen Sie es sicher. Ein selbstbewusstes Kind kann den Gefahren des Straßenverkehrs viel besser begegnen als ein ängstliches Kind.

Und – seien Sie selbst immer ein Vorbild.
Warten Sie an der Ampel, die für den Fußgänger rot leuchtet, auch wenn kein Fahrzeug kommt und Sie es eilig haben.

Lassen Sie Ihr Kind in den ersten Schuljahren **nicht** mit dem Fahrrad zur Schule fahren, denn es ist entwicklungsphysiologisch noch nicht in der Lage, die Mehrfachanforderungen zu bewältigen.

In der vorliegenden Broschüre gibt unser sympathisches Känguru wertvolle Anregungen und Tipps für ein sicheres Verhalten im Straßenverkehr.

ARBEITSGEMEINSCHAFT DEUTSCHER VERKEHRSERZIEHER
ADV

Mit herzlichen Grüßen

Günter Kortstock
Arbeitsgemeinschaft Deutscher Verkehrserzieher

Fußweg - Radweg - Fahrbahn

»Wohin gehst du, Känguru?«
»Ich gehe jetzt zur Schule – ganz allein!«

Wo geht Känguru? Natürlich auf dem **Fußweg.** Der ist für Fußgänger da – klar doch ... oder?

Auf dem **Radweg** fahren die Fahrradfahrer und auf der **Fahrbahn** die Autos, Motorräder, Busse, und, und, und ... Weißt du, wer noch auf der Fahrbahn fährt? Na, sag schon!

Und wer muss den Fußweg benutzen?

Alles muss seine Ordnung haben:
Oder liegen etwa Gabeln, Messer und Löffel in der Schublade kreuz und quer durcheinander?

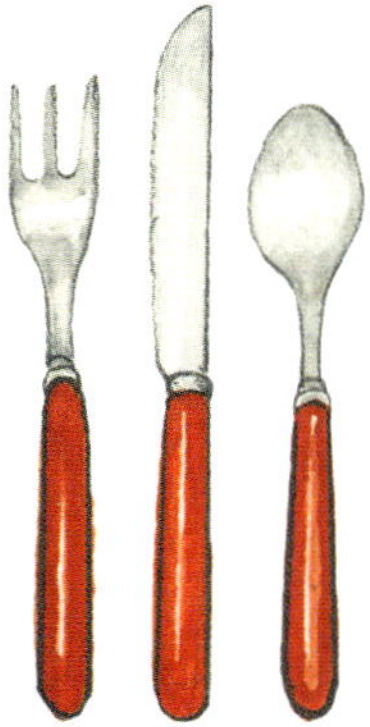

Die Straße besteht aus zwei oder drei Teilen:
- → **der Fahrbahn**
- → **dem Radweg (wenn er vorhanden ist)**
- → **dem Fußweg oder Gehweg oder Bürgersteig**

Erst stehen und sehen – dann gehen

Oh je, jetzt muss Känguru über die Fahrbahn.

Zum Glück weiß es, wie das geht:
Känguru stellt sich seitab der Fahrbahn auf. Hättest du das auch getan? Von hier aus schaut es, ob alles klar ist, das heißt, ob keine Fahrzeuge kommen.

Augen auf!
Schau links – schau rechts – und wieder links!

Känguru kann von hier gut sehen, ob Autos und andere Fahrzeuge kommen. Es schaut zuerst nach links. Warum wohl? Ist doch klar! Weil von da die Autos zuerst kommen. Die Fahrzeuge auf der anderen Fahrbahnseite kommen von rechts. Auf die achtet Känguru besonders, wenn es über die Mitte der Fahrbahn hinaus ist.

Eines darf Känguru nicht: Es darf nicht auf der Fahrbahn hüpfen – und das fällt ihm sehr schwer. Auch Fußgänger dürfen nicht laufen, wenn sie die Fahrbahn überqueren. Sie müssen gehen und sehen – nach beiden Seiten. Probier das auch mal aus!

Überall stehen Autos - was nun?

Viele Autos versperren Känguru die Sicht vom Fußweg auf die Fahrbahn. Was tun ...?

Känguru tastet sich vorsichtig zwischen den Autos durch. Es passt gut auf, ob nicht gleich ein Auto losfahren will. Dann macht es einen gaaaaaanz langen Hals – fast wie eine Giraffe.
Jetzt kann es wieder sehen, ob Fahrzeuge kommen.

Aber sehen die Autofahrer Känguru auch?
Erst wenn die Fahrbahn von beiden Seiten frei ist, geht Känguru über die Fahrbahn.

Hättest du das auch so gut gemacht?

Liebe Eltern,
Kinder sollten die Fahrbahn möglichst nicht dicht vor oder dicht hinter parkenden Fahrzeugen überschreiten, denn hier können sie den Verkehr nicht sehen und werden auch nicht gesehen.
Besser: Die Fahrbahn dort überschreiten, wo die Sicht nach beiden Seiten frei ist, also in großem Abstand hinter parkenden Autos.

Eine Brücke im Straßenverkehr: der Zebrastreifen

Känguru sieht Kinder, die einfach über den Zebrastreifen laufen und nicht auf den Verkehr achten.

Die denken wohl, hier sind sie sicher!

Känguru macht das ganz pfiffig:
Es stellt sich rechts vor dem Zebrastreifen auf und geht erst dann los, wenn es sicher ist, dass alle Auto-, Bus- oder Motorradfahrer angehalten haben. Dabei schaut es zuerst nach links, dann nach rechts und wieder nach links.

Schlau, dass sich Känguru rechts aufgestellt hat, denn jetzt kann es mit den Fußgängern, die von der anderen Straßenseite kommen, nicht zusammenstoßen.

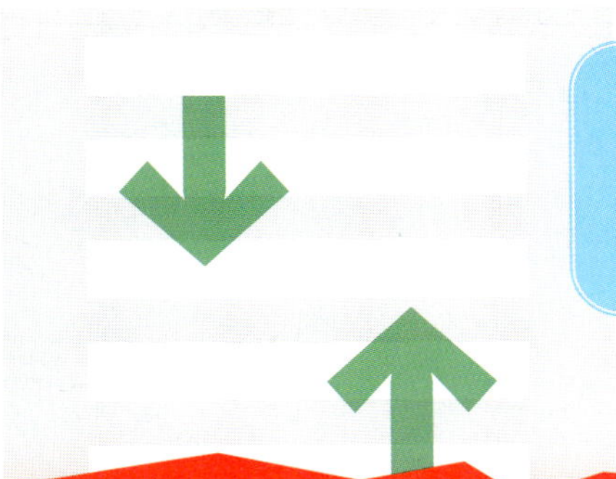

!

Wenn jeder auf dem Zebrastreifen an der rechten Seite geht, gibt es keine Probleme mit dem »Fußgänger-Gegenverkehr«.

Eine Ampel - super!

Känguru kriegt vor Staunen den Mund nicht zu: Da haben sie eine Ampel aufgestellt, damit die Fußgänger sicherer über die Fahrbahn gehen können.

Aber was machen so manche Leute?

Die warten nicht, bis das grüne Licht für sie leuchtet, die rennen schon bei Rot los!

Känguru macht es wie am Zebrastreifen. Es geht an der rechten Seite über die Fußgängerfurt, wenn das grüne Männchen ihm zeigt: »Jetzt kannst du gehen!«

Und wenn das Licht plötzlich wechselt? Wenn auf einmal das rote Männchen leuchtet und Känguru schon mitten auf der Fahrbahn ist?

Dann geht Känguru schnell weiter – und nicht zurück.

Welches ist der sicherste Weg?

Känguru überlegt, welcher Weg der sicherste über die Fahrbahn ist.

Soll es bei ❷ hinübergehen? Das ist der kürzeste Weg.
Soll es bei ❶ am Zebrastreifen hinübergehen?
Oder soll es nach rechts gehen – bis zur Fußgängerampel ❸?

Welchen Weg würdest du wählen?
Welcher ist am sichersten?

Schlau wie Känguru ist, geht es bis zur Ampel. Dort muss es vielleicht etwas warten, aber die Fahrzeuge auf der Fahrbahn müssen anhalten, wenn für sie das rote Licht leuchtet. Das ist für Fußgänger der sicherste Weg über die Fahrbahn.

Über die Fahrbahn rennen?

Drüben auf der anderen Straßenseite stehen Kängurus Schulfreunde. »Komm schnell rüber«, rufen sie, »damit wir rechtzeitig in der Schule sind, beeil dich!«

Känguru möchte gerne mit ihnen zusammen gehen, denn es hat so viel zu erzählen. Was tun? Soll es schnell einige große Sprünge über die Fahrbahn machen? Oh nein, besser nicht!

Känguru erinnert sich:

Erst vor der Bordsteinkante stehen –
dann nach beiden Seiten sehen –
und erst wenn die Fahrbahn frei ist –
rübergehen.

Aber nicht hüpfen und auch nicht laufen.

Auf der anderen Straßenseite geht das große Erzählen los!

Rund und rot = Verbot

Soooooo viele Verkehrszeichen gibt es – die kann man sich gar nicht alle merken.

Du musst sie nicht alle lernen.

Känguru hat einen tollen Tipp für dich: Ein rundes Verkehrszeichen mit einem roten Rand ist ein Verbotszeichen.

Das ist doch einfach zu merken – oder?

Das schwarze Bild in der Mitte zeigt an, für wen dieser Weg verboten ist, für alle anderen ist er erlaubt.

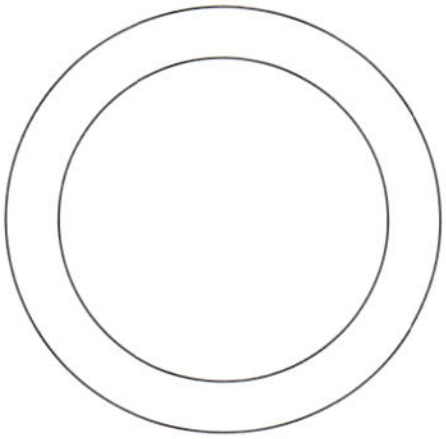

Male ein Verkehrszeichen, das den Weg für Radfahrer verbietet oder für Kängurus, wenn du es kannst. Denke dir weitere Verbotszeichen aus!

Hier dürfen keine Fußgänger gehen.

Und für wen ist dieser Weg verboten? Hier darf überhaupt keiner fahren. Aber Radfahrer dürfen ihr Fahrrad hier schieben.

Rund und blau = erlaubt

Das war ja prima!

Andere Verkehrszeichen kann man sich genauso gut merken.

Känguru weiß Bescheid: Das weiße Bild im runden blauen Verkehrszeichen zeigt an, wer diesen Weg benutzen darf, für alle anderen ist er verboten.

Wer darf hier gehen?
Ist doch klar – alle Fußgänger (nicht nur Frauen mit kleinen Kindern). Sie müssen diesen Weg aber auch benutzen.

Jetzt wird es schwerer:
Für wen ist dieser Weg erlaubt?
Diesen Weg müssen sich Fußgänger und Radfahrer teilen. Sie müssen aufeinander Rücksicht nehmen.

**Male auf ein Extrablatt weitere Gebotszeichen.
Zum Beispiel: »Diesen Weg dürfen nur Radfahrer benutzen, sonst niemand!« Na – alles klar? Ist doch ganz einfach.**

A = Achtung! Aufpassen!

Ein großes **A** ist aus diesem Verkehrszeichen geworden.

A wie »Achtung!«
A wie »Aufpassen!«

Welche Gefahr das Zeichen anzeigt, sieht man an dem schwarzen Bild in der Mitte.

Dort, wo Kinder oft über die Fahrbahn gehen, in der Nähe von Schulen und Kindergärten, steht dieses Verkehrszeichen:

Es zeigt dem Autofahrer:
Achtung! Aufpassen!
Hier ist mit Kindern auf der Fahrbahn zu rechnen.
Das ist echt cool.

Jetzt weißt du auch, wie ein Gefahrzeichen aussehen würde, das sagt: »Achtung! Hier muss man mit Kängurus auf der Fahrbahn rechnen.« Dieses Verkehrszeichen gibt es aber gar nicht.

Male alle Verkehrszeichen

Verkehrszeichen, die es verbieten,
einen Weg zu benutzen:

Verkehrszeichen, die es erlauben,
einen Weg zu benutzen:

in den richtigen Farben aus!

Verkehrszeichen, die auf eine Gefahr hinweisen:
Achtung! Aufpassen!

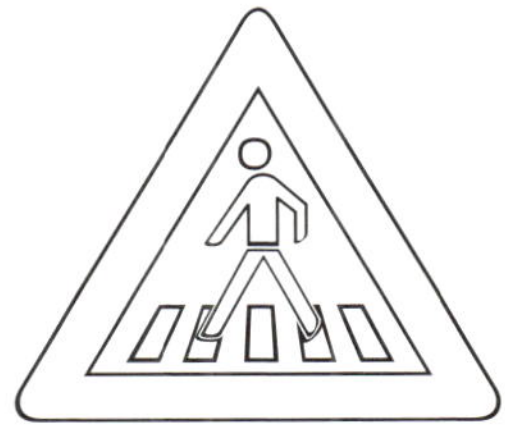

Verkehrszeichen, die auf andere Dinge hinweisen:

Spielplan: Mach mit!

Du brauchst dazu einen Würfel und Spielfiguren.
Kommst du auf grün, darfst du weiter würfeln. Auf rot musst du stehen bleiben und den Würfel an deinen Mitspieler abgeben. Wer zuerst das Rad erreicht, hat gewonnen und darf eine Runde fahren.
Auf los gehts los!

Start

Wenn dich Fremde ansprechen ...

Känguru erzählt:
»Was habe ich schon alles erlebt!
Da kommt doch ein Autofahrer und fragt mich nach dem Weg. Höflich gebe ich Auskunft, aber ich gehe nicht so dicht an das Auto heran.

Als der Autofahrer sagt, ich solle einsteigen und ihm den Weg zeigen, habe ich ganz klar **NEIN** gesagt und bin weggegangen. Als ich mir die Autonummer aufgeschrieben habe, ist der Autofahrer schnell weggefahren.«

Es gibt Menschen, die freundlich zu dir sind, aber etwas Böses vorhaben. Sei besser vorsichtig und sprich mit deinen Eltern darüber!

!

Selbstbewusste Kinder, die von Fremden angesprochen werden, sind weniger gefährdet als ängstliche und unsichere.
Besonders gefährdet sind Kinder, deren Eltern berufstätig sind und sie oft allein lassen müssen.
Spannungen in der Familie können dazu führen, dass Kinder einsam und leicht zu beeinflussen sind, wenn sie auf Menschen treffen, die nett zu ihnen zu sein scheinen.

Geh auf Nummer »Sicher«!

Känguru hat einige Tipps auf Lager:

→ Wenn du unterwegs bist, schließe dich einer Gruppe an.

→ Geh nicht allein auf Straßen und Wegen mit wenig Verkehr!

→ Du musst ganz klar **NEIN** sagen – auch zu Erwachsenen –, wenn dir etwas komisch vorkommt oder nicht gefällt. Such in diesem Fall die Hilfe von anderen Erwachsenen. Geh in ein Kaufhaus, eine Sparkasse, zur Nachbarin oder zu Menschen, zu denen du Vertrauen hast, wenn deine Eltern nicht in der Nähe sind.

→ Steig nie zu Fremden ins Auto ein!

Mit dem Fahrrad unterwegs

Känguru hat ein tolles Fahrrad, doch es darf nur auf dem Gehweg fahren – wie alle Kinder, die noch nicht 8 Jahre alt sind.

Bevor es startet, setzt es seinen Fahrradhelm auf, denn es hat erlebt, wie es einem Jungen ergangen ist, der einen bösen Sturz mit dem Fahrrad hatte – und meistens fällt man dabei auf den Kopf.

Sein Kopf wäre zerplatzt wie eine Melone, die man aus 2 m Höhe fallen lässt. Aber zum Glück hatte er einen Helm auf.

Känguru kann fahren wie ein Artist und elegant um Hindernisse herumkurven. Aber es kann auch bremsen und ganz langsam fahren.

Probier mal mit deinen Freunden, wer am langsamsten fahren kann! Wer als Letzter am Ziel ist, der hat gewonnen.

!

→ Lassen Sie Ihr Kind in den ersten Schuljahren nicht mit dem Fahrrad zur Schule fahren, denn es ist entwicklungsphysiologisch noch nicht in der Lage, die Mehrfachanforderungen zu bewältigen (Fahrradbeherrschung, richtige Einschätzung von Verkehrssituationen, blitzschnelle Reaktion darauf).

→ Bis zum vollendeten 8. Lebensjahr (= bis zum 8. Geburtstag) müssen Kinder mit dem Fahrrad auf dem Fußweg fahren. Kinder vom 8.–10. Lebensjahr dürfen auf dem Fußweg fahren, wenn kein Radweg vorhanden ist.

Bremsbereit fahren

Weißt du, was bremsbereit fahren ist?

Man fährt mit dem Fahrrad bremsbereit, wenn man nicht weiß, was im nächsten Augenblick passieren kann.

Ein kleines Kind kann plötzlich vor das Rad laufen, ein Ball kann angeflogen kommen, ein Hindernis kann den Weg versperren …

Was fällt dir sonst noch ein?

Augen auf – Gefahr rechtzeitig erkennen – beide Bremsen im Anschlag – Hände am Lenker zum schnellen Ausweichen, wenn es sein muss.

Die Fahrbahn überqueren

Känguru kommt mit seinem Rad an eine Querstraße und muss über die Fahrbahn. Was nun?

Klar, es steigt vor der Bordsteinkante ab und schiebt sein Fahrrad über die Fahrbahn. Das ist so vorgeschrieben. Dabei beobachtet es den Verkehr genauso wie es das als Fußgänger ohne Fahrrad tut.

Du weißt schon: links – rechts – links schauen,
erst stehen und sehen, dann gehen!

Aufsteigen von rechts – absteigen nach rechts

Fast alle Radfahrer machen einen Fehler. Sie steigen von links auf das Fahrrad auf. Warum tun sie das?

Känguru hat kluge Radfahrer beobachtet.
Sie stehen auf dem sicheren Fußweg und beobachten den Verkehr. Ihr Fahrrad haben sie links neben sich.

Erst wenn die Fahrbahn frei ist, steigen sie auf – von rechts.

Beim Absteigen ist es noch wichtiger, nach rechts abzusteigen. Radfahrer, die an den rechten Fahrbahnrand gedrängt werden, würden sich den Fluchtweg auf den sicheren Fußweg durch ihr eigenes Fahrrad verbauen. Känguru weiß, dass man immer wieder das richtige Verhalten trainieren muss – Tag für Tag. Ganz automatisch steigt es von rechts auf sein Fahrrad auf und nach rechts ab.

**Aus Gewohnheit steigen fast alle Radfahrer von der linken Seite auf das Fahrrad.
Eltern, die ihren Kindern das Fahrrad fahren beibringen wollen, sollten als Hilfestellung stets rechts vom Fahrrad stehen. Nach dieser Seite werden die Kinder dann automatisch absteigen.**

Mit dem Pkw zur Schule

Manchmal wird Känguru mit dem Auto in die Schule gebracht und wieder abgeholt.
Känguru schnallt sich sofort an, sobald es im Auto sitzt.

Warum wohl?

Sein Vater hat ihm mit einem Ei in einem Karton gezeigt, dass schon ein kleiner Aufprall das Ei zerplatzen lässt.

Legen Sie ein rohes Ei in einen Karton, bewegen Sie diesen schnell nach vorn und stoppen Sie ihn ganz plötzlich. Die Wirkung überzeugt Kinder.

Bei einer Geschwindigkeit von 50 km/h würde Känguru mit einer Wucht nach vorn geschleudert, als wenn es aus dem 5. Stockwerk abstürzen würde.

Solch einen Aufprall kann nicht mal ein Elefant aushalten, schon gar kein Känguru – und überhaupt kein Mensch.
Deshalb ist es für Känguru klar, dass es sich im Auto **immer** anschnallt. Das macht es sogar bei ganz kurzen Fahrten. Machst du das auch immer so?

!

Wenn Sie Ihr Kind mit dem Pkw zur Schule bringen, lassen Sie es immer auf der Fußwegseite (rechts) ein- und aussteigen – nie auf der Fahrbahnseite!

Fahren mit dem Bus

Manchmal fährt Känguru auch mit dem Bus zur Schule.

Das ist ein Trubel:
Die Kinder drängeln und schieben, als ginge es um die Weltmeisterschaft beim Einsteigen in den Bus.

Känguru hat einmal die Zeit gestoppt. Wenn sich alle in einer Reihe anstellen und nacheinander in den Bus einsteigen, brauchen sie weniger Zeit als wenn sie drängeln und schubsen. Da staunst du – stimmt aber!

Wenn im Bus für Känguru kein Platz mehr frei ist, achtet es darauf, dass es sich irgendwo festhalten kann. Seine Beine stellt es wie ein Seemann in Fahrtrichtung breit auseinander. So fällt es

beim Anfahren und Abbremsen nicht so leicht um.
Auch das will gelernt sein.

Beim Aussteigen geht es meist gemütlicher zu. Wer will schon als Erster in der Schule sein?

Der Bus hält auf der Heimfahrt

Die Heimfahrt mit dem Bus ist oft gar nicht so cool.

Känguru kann es nicht verstehen, dass die älteren Schüler so wenig Rücksicht auf die jüngeren nehmen. Da wird manchmal richtig um die Sitzplätze gekämpft und die Kleinen wagen es dann nicht, sich auf freie Plätze zu setzen.

Und wenn der Bus hält, steigen einige aus und rennen einfach über die Fahrbahn – ohne nach links und rechts zu schauen.

Känguru sagt sich: Der Bus hält nie sehr lange. Da warte ich besser, bis er abgefahren ist. Dann habe ich freie Sicht nach beiden Seiten und kann sicher über die Fahrbahn gehen, wenn sie frei ist.

Labyrinth

Wie kommt das Känguru zum Bus?

Verkehrsquiz

Hast du bisher gut aufgepasst? Ja? Dann kannst du bestimmt die folgenden Fragen beantworten!

In welche Richtung musst du schauen, wenn du über die Fahrbahn willst?

Nach links und rechts und zwar so: »Augen auf! Schau links – schau rechts – und wieder links!«

Auf welche Gefahr weist dieses Verkehrszeichen hin?

Achtung! Hier können Kinder über die Fahrbahn laufen.

Warum ist der Helm beim Fahrrad fahren so wichtig?

Damit der Kopf bei einem Sturz geschützt ist.

3-A-Training

Wir müssen vorausschauend erkennen, wie sich der Straßenverkehr entwickeln wird.
Was wird auf meinem Weg passieren?

Beim sogenannten **3-A-Training** geht es darum, die **drei A** richtig zu erkennen. Das macht viel Spaß und hilft, Verkehrssituationen besser einzuschätzen.

A = Alter
Welches Alter hat der andere Verkehrsteilnehmer, der vor mir auf dem Fußweg geht?

A = Absicht
Welche Absicht hat er?

A = Aufmerksamkeit
Wie ist seine Aufmerksamkeit?

Zum Beispiel:

→ Es handelt sich um einen alten Mann. Er geht mühsam am Stock und kann vielleicht nicht mehr gut hören und sehen.
→ Ich kann seine Absicht nicht erkennen.
→ Er achtet auf seinen Weg, damit er nicht stürzt, aber er achtet nicht auf den Verkehr.
→ **Ich muss mit dem Fahrrad bremsbereit fahren, um den alten Herrn nicht zu gefährden.**

Sehen und gesehen werden

Es ist nicht nur wichtig, dass wir sehen, wie sich der Verkehr entwickeln wird, wir müssen von den anderen auch gesehen werden.

Das ist besonders bei Dunkelheit und schlechtem Wetter wichtig. Mit heller Kleidung wird man in der Dunkelheit viel besser gesehen als mit dunkler Kleidung. Wer Blinkis trägt und die pfiffigen Reflexbänder, der wird schon von weitem im Scheinwerferlicht erkannt.

Ein Kind, das hinter einem Pkw versteckt ist, wird von den Fahrzeugführern nicht erkannt. Das Kind denkt: »Der, den ich sehe, muss mich ebenso sehen.« Das aber ist ein gefährlicher Irrtum. Kinder, die hinter einem Sichthindernis plötzlich auftauchen, haben schon manchen Unfall verursacht.

Der Anhalteweg eines Autos

Kinder denken oft, ein Auto kann auf der Stelle anhalten. Sie wissen nicht, dass sich der Anhalteweg aus dem Reaktionsweg und dem Bremsweg zusammensetzt.

Ein Autofahrer, der von einem Kind überrascht wird, das hinter einem Sichthindernis auftaucht, braucht eine »Schrecksekunde«.
In einer solchen Sekunde fährt ein Auto, das mit 50 km/h fährt, ungebremst etwa 14 m weiter.
Dann muss der Autofahrer das Gas wegnehmen, den Fuß auf das Bremspedal setzen und bremsen.
Jetzt steht das Auto aber noch immer nicht. Es braucht bei trockener Fahrbahn etwa 25 m, bis es zum Stehen kommt.

Ein Kind sollte einmal versuchen, so schnell zu laufen, wie es kann, und dann auf einen Zuruf hin so schnell wie möglich anhalten.

Das Kind wird erstaunt sein, wie viele Meter es braucht, um zu stehen.

Wichtige Hinweise

Auf dem Fußgängerüberweg (Zebrastreifen) haben Fußgänger Vorrang.
Autofahrer und Radfahrer müssen anhalten, wenn ein Fußgänger über den Zebrastreifen gehen will. Wenn du die Fahrbahn überschreiten willst, strecke deutlich deinen rechten Arm raus und geh erst los, wenn alle Fahrzeuge anhalten. Achte auch auf dem Fußgängerüberweg auf den Verkehr (links – rechts – links schauen)!

!

Kinder müssen bis zum 8. Geburtstag mit dem Fahrrad auf dem Fußweg fahren.
Kinder von 8 bis 10 Jahren dürfen mit dem Fahrrad auf dem Fußweg fahren, wenn kein Radweg vorhanden ist.
Vom 10. Geburtstag an dürfen Kinder mit dem Fahrrad nicht mehr auf dem Fußweg fahren.

!

Kinder, die mit dem Fahrrad auf dem Fußweg fahren (müssen), müssen absteigen und das Fahrrad schieben, um eine Fahrbahn zu überqueren.

Lesen lernen mit KÄNGURU

ISBN 3-7607-3872-9

ISBN 3-7607-3736-6

ISBN 3-7607-3857-5

ISBN 3-7607-3852-4

ISBN 3-7607-3890-7

ISBN 3-7607-3876-1

Frag deinen Fachhändler.